Mini monde vivant

Les reptiles

Kelley MacAulay et Bobbie Kalman

Traduction de Marie-Josée Brière

Catalogage avant publication de Bibliothèque et Archives nationales du Québec et Bibliothèque et Archives Canada

MacAulay, Kelley

Les reptiles

(Mini monde vivant)
Traduction de: Reptiles of all kinds.
Comprend un index.
Pour enfants de 5 à 8 ans.

ISBN 978-2-89579-394-6

1. Reptiles - Ouvrages pour la jeunesse. 2. Reptiles - Ouvrages illustrés - Ouvrages pour la jeunesse. I. Kalman, Bobbie, 1947-   .
II. Titre. III. Collection: Kalman, Bobbie, 1947-   . Mini monde vivant.

QL644.2.M3314 2011   j597.9   C2011-940883-X

Dépôt légal – Bibliothèque et Archives nationales du Québec, 2011
Bibliothèque et Archives Canada, 2011

Titre original : *Reptiles of all kinds* de Kelley MacAulay et Bobbie Kalman (ISBN 978-0-7787-2216-8) © 2005 Crabtree Publishing Company, 616, Welland Ave., St. Catharines, Ontario, Canada L2M 5V6

Recherche de photos
Crystal Foxton

Conseillère
Patricia Loesche, Ph.D., Programme de comportement animal, Département de psychologie, Université de Washington

Conseiller secondaire
Thomas Brissenden

Illustrations
Barbara Bedell : pages 4 (sauf caïman), 5 (tuatara), 7, 8, 10 (en haut, à gauche et à droite), 11, 12 (en haut, à gauche et à droite), 13, 14 (au milieu), 16, 18, 22, 23, 24 (en bas), 26, 28, 29 (coléoptère), 30 et 32 (sauf caïman, colonne vertébrale, serpent et tortue aquatique)
Anne Giffard : pages 6, 21 (à droite) et 32 (serpent) ; Katherine Kantor : pages 5 (serpent), 9, 12 (en bas), 21 (à gauche) et 27
Margaret Amy Reiach : pages 4 (caïman), 10 (en bas), 20, 29 (araignée) et 32 (caïman, colonne vertébrale et tortue aquatique)
Bonna Rouse : pages 5 (tortue d'eau douce), 14 (en haut, à gauche et à droite ; en bas), 19, 24 (en haut, à gauche et à droite) et 25

Photos
Robert McCaw : page 17(en bas) ; Robert et Linda Mitchell : page 25 (en bas) ; Visuals Unlimited : Betty et Nathan Cohen : page 29 ;
Joe McDonald : page 22 ; Tom J. Ulrich : page 28 ; Autres images : Corbis, Corel, Digital Stock, Digital Vision et Photodisc

Direction : Andrée-Anne Gratton
Traduction : Marie-Josée Brière
Révision : Johanne Champagne
Mise en pages : Mardigrafe

© Bayard Canada Livres inc. 2011

Nous reconnaissons l'aide financière du gouvernement du Canada par l'entremise du Fonds du livre du Canada (FLC) pour des activités de développement de notre entreprise.

Conseil des Arts du Canada   Canada Council for the Arts

Bayard Canada Livres inc. remercie le Conseil des Arts du Canada du soutien accordé à son programme d'édition dans le cadre du Programme des subventions globales aux éditeurs.

Cet ouvrage a été publié avec le soutien de la SODEC. Gouvernement du Québec – Programme de crédit d'impôt pour l'édition de livres – Gestion SODEC.

Bayard Canada Livres
4475, rue Frontenac, Montréal (Québec) H2H 2S2
Téléphone : 514 844-2111 — 1 866 844-2111
Télécopieur : 514 278-0072
edition@bayardcanada.com
www.bayardlivres.ca

Imprimé au Canada

table des matières

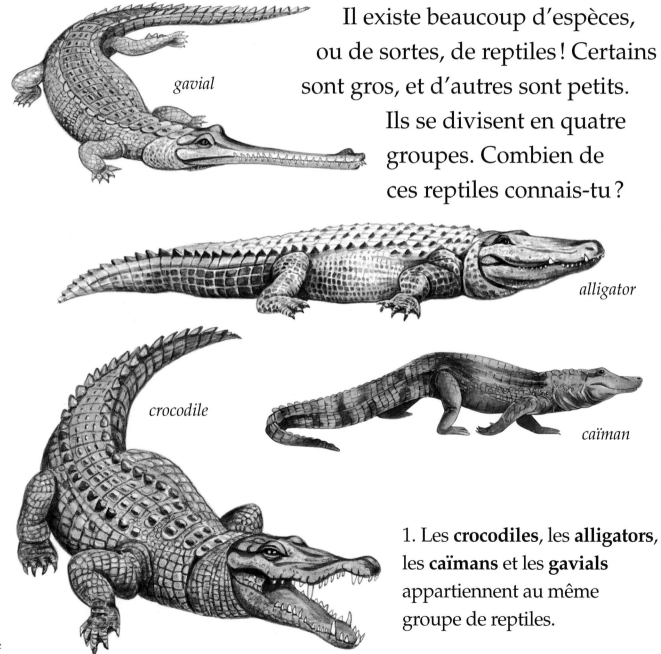

gavial

Il existe beaucoup d'espèces, ou de sortes, de reptiles ! Certains sont gros, et d'autres sont petits. Ils se divisent en quatre groupes. Combien de ces reptiles connais-tu ?

alligator

crocodile

caïman

1. Les **crocodiles**, les **alligators**, les **caïmans** et les **gavials** appartiennent au même groupe de reptiles.

4

2. Les tortues terrestres, les tortues d'eau douce et les tortues de mer forment un autre groupe de reptiles.

tortue d'eau douce

serpent

lézard

3. Le groupe des **serpents** et des **lézards** compte le plus grand nombre d'espèces.

4. Les **tuataras** sont seuls dans leur groupe.

tuatara

5

Tous les reptiles ont la peau couverte d'**écailles**. Ces écailles servent à protéger leur corps. Elles peuvent être lisses ou rugueuses.

Ce serpent vert oriental a des écailles lisses.

Ce lézard a des écailles rugueuses sur tout le corps.

La mue

Quand ils grossissent, les reptiles perdent leur vieille peau et la remplacent par une nouvelle. C'est ce qu'on appelle la « mue ». Les reptiles muent plusieurs fois au cours de leur vie.

Les serpents perdent leur vieille peau d'une seule pièce. Les lézards perdent la leur en plusieurs morceaux. Et, souvent, ils mangent ces lambeaux de peau !

Des animaux à sang froid

Les reptiles sont des animaux à sang froid. Autrement dit, la température de leur corps est la même que celle de leur environnement. Quand il fait froid, le corps des reptiles est froid. Quand il fait chaud, leur corps est chaud. La plupart des reptiles vivent dans des endroits où il fait chaud.

(Ci-dessus) Cette tortue à long cou vit en Australie.

(À gauche) Ce basilic est un lézard d'Amérique du Sud.

En bonne santé

Les reptiles ne peuvent pas être en bonne santé si leur corps est trop chaud ou trop froid. Quand ils ont froid, ils s'installent au soleil pour se réchauffer. Quand ils ont trop chaud, ils vont se réfugier à l'ombre. Le serpent qu'on voit à droite avait trop chaud. Il est rentré sous terre pour se rafraîchir.

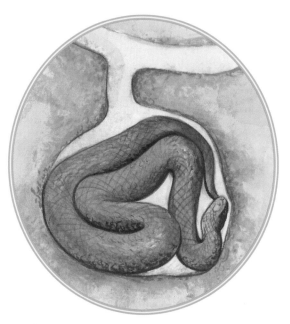

Cet agame s'est installé au soleil pour se réchauffer.

9

Le corps des reptiles

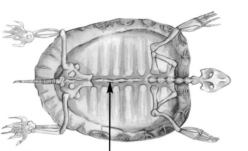

colonne vertébrale de tortue

Tous les reptiles ont une **colonne vertébrale**. C'est une série d'os au milieu de leur dos, à l'intérieur de leur corps.

La colonne vertébrale de la tortue est rattachée à sa carapace.

Les déplacements des reptiles

La plupart des reptiles ont des pattes. Ils peuvent donc marcher, courir et nager. Les serpents n'ont pas de pattes, mais certains sont capables de nager. Sur la terre ferme, les serpents se déplacent en rampant, ce qui veut dire qu'ils glissent sur le ventre. Es-tu capable de ramper comme un serpent toi aussi ?

Les crocodiles ont des pattes courtes, mais ils peuvent quand même courir très vite !

Certains serpents rampent lentement. D'autres vont beaucoup plus vite. Tu veux savoir comment les serpents se déplacent ? Va voir à la page 21.

11

La respiration

Les reptiles doivent respirer de l'air pour rester en vie. Les parties de leur corps qui leur permettent d'aspirer de l'air et de l'expulser par la suite s'appellent des « poumons ». La plupart des reptiles ont deux poumons, mais beaucoup de serpents en ont un seul.

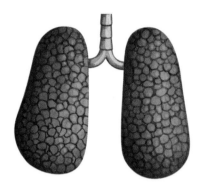

poumons de tortue de mer

Les crotales cornus sont des serpents qui n'ont qu'un seul poumon.

La vie dans l'eau

Certains reptiles vivent dans l'eau. Ils ont quand même besoin de respirer de l'air. Pour en trouver, ils montent à la surface de l'eau.

Les alligators vivent dans l'eau et sur la terre ferme. Quand ils sont dans l'eau et qu'ils montent à la surface pour trouver de l'air, seuls leurs yeux et leurs narines sont visibles.

Ce serpent de mer vit dans l'eau. Il doit sortir sa tête de l'eau toutes les quinze minutes pour respirer de l'air.

Les bébés reptiles

La plupart des reptiles commencent leur vie dans un œuf. Les mères pondent des œufs sur la terre ferme. Selon les espèces, la coquille de ces œufs peut être dure ou molle. Quand ils sortent de leur œuf, les bébés ressemblent à des reptiles adultes, mais en plus petit !

Hors de la coquille

Les bébés reptiles ont un genre de dent sur le bout du nez ! Il s'agit en fait d'une petite excroissance pointue qu'on appelle « diamant » ou « dent de l'œuf ». Les bébés s'en servent pour briser leur coquille et sortir de leur œuf. Le diamant tombe peu après.

Les scinques sont des lézards.
Les petits de certaines espèces de
scinques naissent vivants.

Des petits vivants

Plutôt que de pondre des œufs, certaines espèces de reptiles donnent naissance à des petits vivants. Ces bébés reptiles se développent à l'intérieur du corps de leur mère. Quand ils en sortent, ils sont complètement formés.

Débrouillez-vous !

La plupart des mères reptiles ne s'occupent pas de leurs petits. Les bébés doivent donc se débrouiller seuls.

Les petits de nombreuses espèces de serpents
à sonnette, ou crotales, naissent vivants.

Les habitats des reptiles

Les boas sont des serpents qui vivent dans les forêts. Ils s'accrochent souvent aux branches des arbres.

L'habitat d'un animal, c'est l'endroit où il se retrouve à l'état naturel. Les habitats des reptiles varient selon les espèces. La plupart des reptiles vivent dans des habitats chauds, comme des déserts. D'autres vivent dans des endroits plus frais, par exemple des forêts ou des marais.

Le lézard chuckwalla vit dans les déserts rocheux.

Les alligators, les crocodiles et les gavials vivent près de l'eau, souvent dans les marais. Le reptile qu'on voit ci-dessus est un gavial. Il vit dans les marais, dans un pays qu'on appelle l'Inde.

Un long sommeil

Certains reptiles vivent dans des endroits où il fait froid pendant l'hiver. Ils doivent donc hiberner, c'est-à-dire dormir durant tout l'hiver. Les couleuvres hibernent en groupe. En restant toutes ensemble, elles se gardent au chaud.

Les reptiles ne mangent pas tous les mêmes types d'aliments. Certains sont herbivores. Ils se nourrissent de plantes. D'autres se nourrissent d'animaux.

Des animaux au menu

La plupart des reptiles sont carnivores, ce qui veut dire qu'ils mangent d'autres animaux. On dit que ces animaux sont leurs proies. Il y a aussi des reptiles

omnivores. Ils mangent des plantes et des animaux.

Les iguanes sont des lézards herbivores. Celui qu'on voit ci-dessus est en train de manger un cactus. Le monstre de Gila, à droite, est également un lézard, mais il est carnivore. Il mange des œufs, et aussi des souris.

Les caméléons sont des lézards omnivores.
Ils mangent des plantes
et plusieurs sortes d'insectes.

Les dragons de Komodo sont des
lézards carnivores. Ils peuvent chasser
des animaux assez gros, comme des chèvres.

Le savais-tu ?

Savais-tu que les serpents sont capables d'ouvrir leurs mâchoires plus grand que tous les autres animaux ? Les plus gros serpents peuvent même avaler un cochon tout rond ! Celui qu'on voit ici est en train de manger une grenouille.

Les serpents

Certains serpents fabriquent du venin à l'intérieur de leur corps. On dit qu'ils sont « venimeux ». Le venin est un poison avec lequel ces serpents immobilisent leurs proies. Les cobras, comme celui-ci, peuvent même se servir de leur venin pour tuer d'autres serpents ! Ils mangent ensuite les serpents qu'ils ont tués.

Des crochets empoisonnés

Les serpents venimeux ont dans la gueule deux dents pointues appelées « crochets à venin ». Ces crochets sont généralement creusés de canaux. Quand un de ces serpents mord une proie, son venin coule le long de ces canaux et pénètre ensuite dans le corps de sa proie.

canal

crochet à venin

Les crotales ont des écailles modifiées au bout de la queue. Quand ils sont effrayés, ils font vibrer ces écailles, qui sonnent alors comme une crécelle. En entendant ce bruit, les autres animaux savent qu'ils ne doivent pas s'approcher !

Les serpents ont des paupières transparentes qui protègent leurs yeux de la poussière.

On se tortille !

Les serpents ont différentes manières de ramper. En voici quelques exemples.

Certains serpents avancent en repliant, puis en étirant leur corps.

Certains serpents se déplacent de côté. Ils poussent leur corps d'un côté, puis de l'autre.

Certains serpents rampent en faisant des vagues avec leur corps.

Des lézards en quantité

La plupart des lézards ont un petit corps et des pattes courtes. Chez ceux de nombreuses espèces, la queue peut se détacher. Quand un carnivore les attrape par la queue, ces lézards se dégagent en tirant très fort. Leur queue tombe, et ils peuvent alors se sauver. Leur queue repoussera très bientôt.

Ce basilic est capable de courir sur ses pattes arrière !

Les dragons de Komodo sont les plus gros lézards au monde. Ils peuvent atteindre près de 3 mètres de longueur – plus que la plupart des voitures !

Changements de couleur

Les caméléons sont des lézards extraordinaires. Leur peau change de couleur selon leur humeur !

Les caméléons peuvent regarder en même temps dans deux directions différentes. Ils observent leur proie d'un œil et surveillent les alentours de l'autre œil, pour être certains qu'ils ne sont pas en danger.

Les caméléons enroulent leur queue robuste autour d'une branche pour ne pas tomber.

Les reptiles à carapace

tortue terrestre

Il y a des différences entre les tortues terrestres et les **tortues aquatiques**, qui comprennent les tortues d'eau douce et les tortues de mer. Les tortues terrestres ont une carapace épaisse et solide. Elles restent sur la terre ferme. Les tortues d'eau douce, elles, ont une carapace mince. Elles vivent généralement dans des étangs, des lacs et des ruisseaux.

Toutes les tortues marchent lentement parce que leur carapace est lourde.

Quand une tortue a peur, elle rentre son corps dans sa carapace pour se protéger.

tortue d'eau douce

24

Les tortues de mer

Les tortues de mer, ou tortues marines, vivent dans les océans. Leur corps lisse et leurs grandes nageoires les aident à se déplacer dans l'eau. Elles sortent de l'eau uniquement pour pondre des œufs.

œufs de tortue de mer

nageoire

Une carapace molle

Certaines espèces de tortues ont une carapace molle, faite de peau épaisse. Cette carapace se déchire facilement. Ces tortues ne sont donc pas aussi bien protégées que celles qui ont une carapace dure.

Les crocodiles, les alligators, les caïmans
et les gavials vivent dans les rivières et
les marais. Ils ont une longue tête, et leur
gueule est remplie de dents pointues.
Ces reptiles ont également un corps lourd
et une queue très puissante. Ils utilisent
leur queue pour nager.

*Les gavials ont plus de 50 dents.
Ces dents leur servent à attraper
des poissons, qui sont leur
principale nourriture.*

Qui est quoi ?

Les alligators, les caïmans et les crocodiles se ressemblent, mais leur tête n'a pas la même forme. Sais-tu comment les reconnaître ?

alligator

La tête de l'alligator est plutôt courte. Elle a la forme d'un « U ». Quand l'alligator a la gueule fermée, on ne voit que quelques-unes de ses dents.

caïman

La tête du caïman a la même forme que celle de l'alligator, mais elle est plus petite.

Le crocodile a une longue tête en forme de « V ». Quand il a la gueule fermée, ses longues dents sont bien visibles.

crocodile

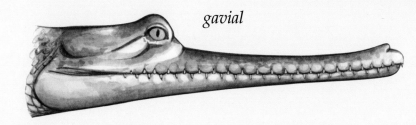

gavial

Le gavial a une tête longue et étroite. Ses petites dents sont peu visibles.

Les tuataras

Les tuataras sont encore plus anciens que les dinosaures ! Il y a très longtemps, le groupe des tuataras comprenait d'autres espèces. Ces espèces sont maintenant disparues. On n'en trouve plus nulle part sur la Terre.

Les tuataras vivent généralement jusqu'à 60 ans ! On en trouve uniquement dans quelques petites îles près de la Nouvelle-Zélande.

Bien au frais

La plupart des reptiles vivent dans des endroits chauds, mais les tuataras préfèrent la fraîcheur. Ils dorment habituellement pendant le jour, quand il fait chaud. Ils chassent la nuit, quand il fait plus frais. Les tuataras mangent des œufs d'oiseaux, des petits animaux et différentes espèces d'insectes.

Les tuataras mangent des araignées et des insectes, par exemple des coléoptères.

Les tuataras ont trois yeux ! Leur troisième œil se trouve sous leur peau, entre les deux autres yeux. Il leur permet de distinguer les couleurs, mais pas les formes.

Jouons un peu !

En lisant ce livre, tu as appris que les reptiles se divisent en quatre groupes différents. Te rappelles-tu lesquels appartiennent à chaque groupe ? Voici une façon amusante de tester tes nouvelles connaissances : un jeu de mémoire ! Invite ta famille et tes amis à lire le livre eux aussi pour qu'ils puissent jouer avec toi.

Les tortues terrestres et les lézards font-ils partie du même groupe de reptiles ?

Comment fabriquer ton jeu

1. Découpe 30 cartes carrées dans du papier.

2. Dessine un reptile différent sur chaque carte. Assure-toi que tu as au moins deux reptiles de chaque groupe !

3. Inscris le nom de chaque reptile en haut du dessin correspondant.

Comment jouer

1. Étale toutes les cartes par terre, de manière que les dessins soient cachés.

2. Demande à un premier joueur de retourner deux cartes.

3. Si les reptiles dessinés sur ces cartes appartiennent au même groupe, le joueur les ramasse.

4. Si les reptiles appartiennent à deux groupes différents, le joueur remet les cartes là où il les a prises, en cachant de nouveau les dessins. Ensuite, tout le monde doit tâcher de se rappeler quels reptiles sont dessinés sur chaque carte, et où ils se trouvent !

5. Le gagnant est celui qui a ramassé le plus de paires de cartes à la fin du jeu.

Avant de fabriquer tes cartes, retourne aux pages 4 et 5 pour t'assurer que tu connais bien les groupes de reptiles. Ensuite, dessine le plus de reptiles possible. Tu peux relire le livre pour te rafraîchir la mémoire. Et n'oublie pas de dessiner deux fois le tuatara !

Index et mots à retenir

alligators
pages 4, 13, 17, 26-27

caïmans
pages 4, 26-27

colonne vertébrale
page 10

crocodiles
pages 4, 11, 17, 26-27

écailles
pages 6-7

gavials
pages 4, 17, 26-27

lézards
pages 5, 7, 8, 9, 15,
    16, 18, 19, 22-23, 30

serpents
pages 5, 6, 7, 9,
    11, 12, 13, 15,
    16, 17, 19, 20-21

tortues aquatiques
pages 5, 8, 12, 24-25

tortues terrestres
pages 5, 10, 24, 30

tuataras
pages 5, 28-29, 31